그믐밤을 이기다

지혜사랑 281

그믐밤을 이기다

장정순 시집

시인의 말

나의 시는
눈물이 있는 기도입니다
마음을 밝혀주는 별입니다
절망을 극복한 꽃입니다
환희의 노래입니다
사랑의 빛 안에서
내 영혼은 별처럼 반짝입니다
꽃처럼 향기로워집니다
어두운 밤을 헤쳐가는 시가 됩니다
그믐밤을 이기게 합니다

2023년 겨울
장정순

차례

시인의 말 ─────────────── 5

1부
기차 악보

기차 악보 ──────────── 12
우리의 얘기 ─────────── 14
따뜻한 주소 ─────────── 16
장미 한 송이의 숙제 ─────── 17
센티멘탈해지면 ────────── 18
뒤숭숭하다 ───────────── 20
아름다운 휴식 ────────── 21
머물 곳 ───────────── 23
그늘 밖에서 ─────────── 24
자전하는 소리 ────────── 25
다시 새롭게 ─────────── 27
무심코 한 말 1 ────────── 28
무심코 한 말 2 ────────── 29
무심코 한 말 3 ────────── 30
고요의 순간 ─────────── 31
기쁨이 ───────────── 32

2부
그믐밤을 이기다

연인 ─────────────── 34
여백은 파란 비닐우산으로 ───── 35
웃는 엽서 ────────────── 37
한결같은 줄임표 ─────────── 39
바람 부는 날 1 ─────────── 41
바람 부는 날 2 ─────────── 42
그믐밤을 이기다 ─────────── 43
완전한 작품 ──────────── 44
여유 ─────────────── 46
첨탑 위에 내린 햇살 ───────── 47
선線 ─────────────── 49
나만의 선線 ─────────── 50
풍금의 뚜껑을 열어주렴 ─────── 52
설레는 외출 ──────────── 54
물방울 스카프 ──────────── 55
새로운 시점 ──────────── 56

3부
오렌지 나무 아래

오래된 착각 ——————— 58

노란 수다 ——————— 59

꽃의 이력 ——————— 61

온전한 얼굴 ——————— 62

이어지는 날 ——————— 63

한 페이지 ——————— 64

기다리는 방향 ——————— 66

오렌지 나무 아래 ——————— 67

혼돈이 지나가다 ——————— 68

잘 있었니 ——————— 69

메모하다 ——————— 70

아침은 향기 ——————— 71

소낙비 ——————— 72

시선 1 ——————— 74

시선 2 ——————— 76

공부하는 봄 ——————— 77

4부
그곳에 가면

그곳에 가면	80
낮 꽃	82
산새의 말	83
사람이 되고 싶다	84
탈출	85
정원	86
저녁이 오면	87
나무에게 헌사를	88
연보라색의 리듬	90
문 앞의 그대에게 1	92
문 앞의 그대에게 2	94
문 앞의 그대에게 3	96
문 앞의 그대에게 4	97
문 앞의 그대에게 5	99
곡선	101

해설 • 곡선의 시학 • 반경환 ─── 103
― 장정순의 시세계

• 일러두기
페이지의 첫줄이 연과 연 사이의 띄어쓰기 줄에 해당할 경우 >로
표시합니다.

1부
기차 악보

기차 악보

느린 기차는
수요일 다음에 화요일지도 모르는
페스티벌 악보다

이 안에는
목적지를 향하는 조급증도 없다
단조의 잠이 있어서 사소한 불편은 낭만이다

바이올린과 플루트에 또 하프까지 협주하는 무대를
보고 싶은 미래는 잠깐 잊어버린다

차창 밖 저기
강아지와 산책하는 빨간 원피스의 여자는
번화가의 모델로 착각하는 것은 아니겠지

레일 위를 구르는 소리가 들떠 있는
종착역은 이미 지휘자 중심이다

칸나가 꽂혀있던 유리병과 차창의 교차점은
점점이 멀어져 가고

철길은 전봇줄과 물길을 따라

앞뒤 순서를 잊은 채 줄곧 집을 향한다

악보엔 언제나 그곳이 존재한다

우리의 얘기

층층이 벽에 갇혀
세련미 블라우스와 칵테일 드레스는
나비넥타이와 지성미 넘치는 새하얀 와이셔츠를
선호한다

분수는 여유로운 자태로
지하에 앉아서
탐색하는 시선을 끌어들인다

굽 높은 빨간 구두와 고전 운동화가
뒤섞이는 소리가 불규칙하다
소우주를 꾸미는 피켓은
박하 로션과 우유 크림을 스친 후
레몬 루주의 자리 옆에 꽂혀 있다

고급스러운 보석에 오르기 위해
반지와 목걸이는 한껏 애교를 부린다

일용할 양식이 상식을 넘어 빵까지 기교를 부리며
서로 경쟁하는 고품격의 장식은

디자인되고 변형하여

에스컬레이터와 엘리베이터를 연결했다

이때다 잠깐만 멈추어 시계를 찾아보자
채워지지 않는 보호벽은 외출할 때가 되었지
눈부신 은하는 도시에서도 여전히 존재하고 있지

이제 우리의 얘기로 나아가자

따뜻한 주소

어린 주변은 처음부터
울타리가 없는 이유로

더구나
선택이 없는 저택에 접선 된 후부터
조금씩 꺼낼 수 있는 자유마저
지평선 앞에 부서져 버렸다

벽난로까지 빙점으로 둘러싸인
숨 막히는 공간에서
달은 하얗게 작다

적막한 눈비가 뭉쳐진 창살의 꽃은
참 차갑고 무심했다

축적된 거짓은 공간을 늘려가면서
존재를 숨긴 그늘로
잠시 위장할 수 있었으나

곧 따뜻한 주소로 달음질하자마자
흔적도 없이 사라지고 말았다

장미 한 송이의 숙제

가끔 흔들리며 젖어온 인내는
햇빛보다 오히려 강하게 싱싱하고 질기다

무엇이 이토록 더 어렵고 고귀할 수가 있을까
이보다 더 아프고 신비로울 수가 있을까

삶이 그대를 속일지라도*
살아가기 위해
꿋꿋이

네가 된 가시를 품고
끈기 있고 야심 찬 봉오리에서

멋진 한 페이지로 피운 최초의 메시지이다

기념일이 되어버린 오묘한
장미 한 송이의 핑크빛 숙제이다

* 러시아 시인 '푸시킨'의 시 중에서

센티멘탈해지면

  센티멘탈해지면

  지붕과 가로수와 풀잎에 앉는 빗소리에 대해서
  바다 위로 펼쳐지는 안개에 대해서

  작은 산봉우리를 거쳐 황량한 사막까지 도전하는 모험에 대해서
  숙연해지는 창가의 고독에 대하여

  생각에 잠긴다

  더 센티멘탈해지면

  은하수가 우윳빛 가루처럼 보이는 이유에 대하여
  아스팔트 위에 파랗게 투영되는 하늘의 웃음에 대하여
  코스모스의 꽃말에 대하여

  떠 올려 본다

  점점 센티멘탈해지면

\>

연갈색 바바리코드를 입고
떨어지는 가로수 잎의 소리를 듣고 싶다

곧 출발을 준비한다

뒤숭숭하다

숲이 가득한 창문은 뜻밖의 오만한 비로
긴박하게 요란하다

어서 달려라 불같이 질주하는 말들이여*
세차게 부르짖는다

늦은 팔월이다
숨 가쁜 열기도
온 사방의 고단한 폭증도
한꺼번에 무너지고 있다

시집 문맥이 왠지 뒤숭숭하다

이런 비에 현혹되어선 안 되지
뜨거운 물거품에 갑자기 흡수되면 곤란하지

해답을 조급하게 찾으려고 애쓰지 않겠다
그렇게 하지 않겠다

* 셰익스피어의 '로미오와 줄리엣' 3막 2장 중에서

아름다운 휴식

소식을 전하려고
머리를 곤두세운 채 조급하게 직진하는 저 구름 떼도
곧 사라지겠지

갈색과 분홍 지붕의 테라스에서
빨래와 곡예를 즐긴 위태로운 바람도 멀어져 갔으니까

숨 가쁜 시선으로 흔들려서는 안 된다

오르막과 내리막의 균형을 잡아주는
중심에 하루의 무게를 내려놓고
시간을 늦추어 본다

해 아래의 모든 수고가
지혜로 어우러지는 지상으로 변할 수 있다면

야생을 겸비한 부드러운 그와 함께
길들지 않은 품속으로
소리와 빛이 응축된 계절을 맞추어 본다

일그러진 무늬는 어두움을 쪼개어

점점 포개며 다져가기에
조급한 구름의 위협에도 지치지 않는다

아름다운 휴식은 점점 하늘을 펼친다

발자국과 발자국이 만나서 더 복잡해진 경쟁을
지우고 있다

머물 곳

흙을 잘 알지 못하면서
잘 알고 있다고 말할 수 있니
흙이 들려주는 이야기를 이해할 수 있니

들판과 마을을 스쳐 도시와 거리를 안고
풍요의 양분을 식탁에 부어주는데도
여전히 무심하게 길든 이기심만 키우는 건 아니니

안개를 밟으며 손짓하는 이름아
네가 머물 곳을 찾았니
가증된 수식을 속히 지워 주렴

거짓된 묵시로부터 구속당했던 고삐를
나도 풀어버려야겠어

산비둘기와 정체 모를 바람아
거만한 도시와 혼동의 거리야
오랜 부유의 부산물을 모두 모두 털어주렴

이제는
가장 낮게 오래 견디는 게 어떨까

그늘 밖에서

열대가 눕는다

팽팽한 호흡

질주하는 대지의 입술이 강인하다
거대한 동굴은 바다를 품었다

긴장은 길었다
뾰족탑에 풍선이 매달렸다

고뇌는 불꽃이 되었다
고무나무 그늘 밖에서

열대는 어두움을 움켜쥔 채 아이 손에서 나왔다
탄탄한 나침판이 방향을 다듬으며 길을 달았다

해맑게 웃는다

자전하는 소리

시선에 아랑곳하지 않는 자유가
광활하게 펼쳐져 있다
거칠지 않아서 생각이 깊게 흘리는
바람의 언덕

우리의 대화 사이로
아슬아슬한 태양의 열기가
위험해 보인다 언뜻
얼음 위 푸른 맥박을 떠 올리기도 한다

이곳저곳을 떠돌아다니고 싶은 나는
명확하지 않은 윤곽을 자주 그렸다

정지된 순간은 결코 아니다

나와 너의 조합으로 이루어진
가파른 외길을 걷는 하늘 아래
바람이 멈추었다

지구가 자전하는 소리가 들린다
도시에서 돌아온 별이 가득 뿌려지고 있다

＞
익은 모래에서 구운 따뜻한 빵을 소유한
지금 이제 수신이 될 수 없는 편지는
작은 보랏빛 슬픔도 되지 않는다

다시 새롭게

수난기가 시작되었으나

꿀벌을 기다리며 채워진 알알이
견실하다

바람의 심술과 까치의 부리는
끈질겼으나

꽃의 입맞춤은 저장하였다

암울한 뭍도 홍해를 뛰어넘었다

금기의 땅을 방황하던 우물은
무덤을 벗어버렸다

지난 상처는 지워지고

오 생명은 과즙 익은 결실을
다시 새롭게 꿋꿋이 품어내고 있다

무심코 한 말 1

무심코 한 말이

삽시간에 발이 되어
이 세상을 돌고 있는 것을

사탕에 절인 포만감의 독백이
버섯처럼 사방에 퍼져 있는 것을

밤이 되어도 홀연히 나래 짓 하며
나뭇가지 사이 사이를 옮겨 다님을

우연히 마주했던 말이
발자국과 옷깃에 붙어서 불어나는 것을

소리도 없이 삽시간에 들어와
방 깊숙이 차지하고 있음을

통제할 수 없는 마음이 되기 전에
가자 빛의 땅으로

무심코 한 말 2

무심코 한 말은

괜스레 너의 허물을 들여다보고
나를 위로하는 독주에 기웃거린다

작디작은 허물을 소꿉장난하며
즐기고 있다

움직이는 초침을 잊어버리고
깊고 깊은 함정을 파고 있다

빛의 틈을 차단하고자
심혈을 쏟고 있다

노을을 뚫고 끊임없이 돌팔매질하며
길의 진로를 방해하고 있다

사랑스러운 생명아

실타래처럼 헝클어지는 길이 되기 전에
빛을 향하여 나아가자

무심코 한 말 3

무심코 한 말이

혀에서 붉은 가시가 되었다

송진처럼 끈적거린다

수천 개의 입술이 되어 회색으로 꿈틀거린다

아침을 찢는다

생명을 소멸하는 사막이 되고 있다

혐오스러운 무덤의 표정을 짓는다

아아
미소가 찌그러지기 전에 어두움을 걷자구나

저기 빛의 땅으로 발을 들여놓자구나

고요의 순간

사랑스러운 생명아

단맛을 즐기는 혀끝 말에 부디 녹지 말기를

최후의 변론에 요동하지 말기를

서두르지 말고 첫 단추를 끼우며 쓴맛을 참기를

오오 백합 닮은
향기로운 말은

어두움의 옷을 훌훌 털어낸단다

초원을 누리는 신선한 우윳빛이란다

구름을 걸러낸 청아한 아침 햇살이란다

눈동자에 살아나는 호숫빛 미소란다

잡음이 빠져나간 고요의 순간에
오는 이를 마중하자구나

기쁨이*

너의 손을 살며시 잡아주니까
내 손은 작은 건반 악기가 된다

엄지에서 새끼손가락까지
도 레 미 파 솔

숨어있는 나비를 부른다

보드랍고 귀여운 너의
오른손가락으로 노래를 연주한다

노랑 하양 나비야
개나리꽃 필 때면
초등학교에 입학하는 기쁨이를
예쁘게 꼭꼭 기억해 주려무나

* 2021년 서울지하철 안전게시문 공모전에 선정됨

2부
그믐밤을 이기다

연인

탈출은 물처럼 쉽지 않기에
오로지 빽빽한 일정을 간신히 뿌리치고

바람보다 더 자유로운 언덕을 넘어서
앉는다 부드러운 풀밭에

하나와 둘 또 여럿으로
나비 날개처럼 높이 낮게 곳곳에
감미로운 눈빛으로 귀 기울인다
객석의 자유는 에로스의 우아한 자태를 잡으려 하는가

호수 옆 피아노는 홀로 피어나는 연주자의
심취한 머릿결 바람으로
작은 새들의 천국 나래 짓으로

나는 너를 너는 나를
눈과 눈은 호수의 물꽃이 되고 물꽃은 방랑자가 되어
쇼팽을 꿈꾼다

흰 물결무늬 백조처럼
초대받은 환상곡이 된다

여백은 파란 비닐우산으로

여백은 먼 필름을 돌리며
빗방울 세찬 파란 비닐우산으로 확대된다

하굣길 돌발적인 소나기는
당황스러운 교정을 만들며 스스로 신이 났었다

그때마다 교문에서 기다려 준
파라다이스보다 반가웠던
우산 장수 아주머니

그해 소나기는 오래도록 반복되었다
우산 속의 둥근 하늘은
순간적인 절실함이었을 뿐

해맑은 아침이면
쉘부르의 우산으로 빗나가버렸다

청춘은 재생하지 않는데도
소나기와 함께 불쑥 나타나서
아스팔트 길을 누비고 있다

첫사랑처럼 끼어들고 있다

〉

바람이 드나들던 린넨 커튼과
굽은 가지가 유연한 나무 정원은
파란 비닐우산 속 둥근 하늘을 기억할지 모른다

비가 멎었나 보다

웃는 엽서

한때는 슬픔의 뿌리였다
길은 수 갈래로 유혹하는 연속이었지

난무하는 질주와 공허의 중심에서
온통 엉켜 버린 뿌리만은
끈질기게 생명을 움켜잡았다

바람이 멎고 깨끗한 바람이 될 때
웃는 엽서는 세상 이야기를 모두 살려 주었다

어릴 적 포도葡萄에 얽힌 보라색 일화와
아버지가 사주신 노란 털스웨터의 포근한 촉감까지도

외진 감상실 벽에는 작곡가의 얼굴들이
통학 버스 안에는 입시를 위해 외우던 영어 낱말이
하양과 파랑 분홍의 엽서가

새 눈길에 닿는다

친숙한 단어로 갈아입은 엽서가 완성된다

수많은 소용돌이를

잔잔하게 품은 강기슭의 희망이 웃는다
웅크린 난해 시도 소리 내어 웃는다

한결같은 줄임표

꽃말을 기약하는
백합의 봄 뭉치를 선물 받았다
눈빛과 만나면서 떨리는 맥박 소리는

드디어
지평선에서 가족을 길어 올렸다

웨딩 마치에서 한겨울은 살얼음을 견디는 뿌리를 내리며
방언과 표준어를 섞어서 기둥을 세워 다양한 집을 만들었다
옷의 모양과 색깔은 각각이었다

생각의 넓이도 음식의 재료와 취향도
반죽이 잘된 식탁이 되기까지
천둥이 치고 돌풍이 불 때마다 부딪히며 흠이 갔다

신기하게

오
랜
날

후
에
도

내 안의 산세베리아는
한결같이 듬직한 줄임표였다
끝까지 번성하는 신비한 생이었다

바람 부는 날 1

땅은 물결치는 바람에 흔들리고
나뭇잎 가장자리 햇살이 떤다

마음 어지러워
사랑의 첫말은 생기를 잃어가고

그 눈부신 꿈은 산산조각이 나
헝클어진 고독의 가지에서
바람이 일고 있다 인다

수 갈래 선을 그으며 부딪혀오는
오오 너는
끝없는 방황의 길잡이였나

나도 안식할 터마저 찾지 못하는데
하늘은 잿빛 탄식을 자꾸 내뿜는다

바람 부는 날 2

바람은 사계절을 물고 다닌다

꼬리를 흔들며 긴 긴 여행을 다닌다

인고의 시간을 달고 있는
억새 사이를 돌아와서

비탈진 응달의 고목 둥치를
어루만진다

지금은 바람이지만
눈물 있는 눈망울이 보고 싶다

먼 지평선을 가지려는데
오히려 하늘이 낮아진다

바람이 바람 속에 머물고 있다

그믐밤을 이기다

기도에 비춰오는
한 줄기 햇살은

나의 날을 환희로 채워 준다

그늘 때문에 열리지 않았는데

회오의 실오라기를 풀어주며
그믐밤을 이긴다

자유로운 민들레 씨앗처럼
될 수는 없어도

은하수를 좇아
긴긴 행로를 헤쳐가야 하는

이런 조바심은

이젠 아무것도 아니다

완전한 작품

이곳은
방향도 감각도 모두가 무지한

어둡고 비좁은 안개만이 점령한 오랜 침묵뿐

서서히 꿈틀거리기 시작했다
한 점에서 일어난 최초의 저녁은
눈처럼 환한 작은 물방울에서 큰 물방울로 움직였다

신비한 수면의 층층을 만들며
지하에서 지상으로 부피를 확대해 갔다
찬란한 광채는 멈추지 않은 춤을 추었다

충만한 아침은 물을 부르며
이쪽에서 저쪽까지 줄을 당기며 갈증을 채워갔다

서로에게서 분리되어 다른 만남으로 연결되는
수많은 길에서
신비한 탄생은 순서대로
가장 완전한 작품으로 번성했다

마침내 귀여운 토끼는 사슴과 다람쥐와 함께

초록과 합해졌다

초조한 바다와 지친 하늘도
우리와 반짝이는 공존이 되었다
함께 작품이 되었다

여유

밀폐된 곳에서도 은밀하게 대기하는
촘촘한 명령어와 신호등 엘리베이터의 숫자와
고유어를 잃어버린 빌딩과 아파트 사이에서

쫓기듯
숨 가쁘게 사람과 사람 사이를 떠돌아다니지만

등불을 끄면
한결같은 숲의 신선함과
부드러운 상현달 달빛이 있는

일정표에 없는 나만의
새로운 여행길에 매료된다

질기도록 억센 억새를 뒤로 한 채
호수와 초록의 마을을 지나서
초원을 품은 하얀 순백의 산을 향한다

그럴 때면
벅차도록 환한 해맑은 휴식을 부른다
무엇과도 바꿀 수 없는 여유를 가진다

첨탑 위에 내린 햇살

담쟁이덩굴 사이 벽을 뚫고
햇살은 끼어들고 싶어 안간힘을 쓴다

수많은 군중의 눈빛처럼
곱슬머리의 신랑은 신부를 기다린다

첼로와 바이올린
코넷과 비올라의
아름다운 기도는 멈추지 말아 줘

까만 머리카락의 숙녀 터번의 남성

동양인과 서양인의 악수는 합쳐져
첨탑으로 향하고

앗 모래시계는 상실의 찰나구나

애절한 눈빛들의 갈구는 뿌리를 벋는다

노란 장미가 수 놓인 식탁보에
노란 옷 하인이 물병을 붓는다

\>
포도주가 후광을 받으며 쏟아진다

생명의 사중주는 절정을 치닫고 있다

선線

산굽이를 돌아누운 호수는
갈대의 밀어에 뒤척입니다

숨기고 싶은 이야기
끄집어내려고 흔들립니다

오솔길에 걸어둔 축축한 바람이
작게 작게 쪼개집니다

수평의 조각들은 균형을 붙들려고
푸르고도 깊은 숨을 쉽니다

집착을 비워낸
잔잔한 미소는 다시
구부러진 길을 잔잔히 펼쳐줍니다

천지창조의 벽화처럼
시작은 신성하고 고귀합니다

여전히 처음이 되어
소멸하지 않은 선을 이어줍니다

나만의 선線

가장 정확한 도면을 그려야 한다

그들이 가는 선을 흉내 내면 안 된다
나만의 선을 쫓아가야 한다

지금은 순식간에 과거가
미래는 지금으로

붙들 수 없는 순간의 실제 얼굴이다
시간을 안내하는 지혜이다

생명선 따라 집념은 오직 붉은 행진만이 필요하다

비췻빛 산자락도
형형색색 로맨스도 잊어야 한다

뒤돌아보면 이탈하는 궤도이다

불 밝히는 광장과
환호가 가득 찬 여행지를
기억할 때가 아니다

\>
지금 길을 달려가는 나의 질주가
붉고 또 붉다

풍금의 뚜껑을 열어주렴

모래 틈에 일렁인 파도의 무늬일까

다가와 품어주기를 고대한 기다림은
길다

지금은
아름드리나무가 되었나

가벼워지고 싶은 것일까
춤추고 싶은 것일까

섬 사이로
작은 새 떼들이 후루룩 지나가고
젊은 노을이 일렁인다

수평선을 오르내리는 음표는
무딘 감각의 흑백 사진을 깨운다

태엽은 시침과 초침을 잘 맞춘다

달
력

이
길
다

누가 저 풍금의 뚜껑을 열어주렴

설레는 외출

거리의 악사가 되련다

자 바이올린 현을 몽땅
첨탑 위에 걸어놓자

조율에서 튕긴 음은
투명한 날개를
달고 싶단다

오월의 언덕을 향하여
비행을 시작하는 활은 집시다

바람은 날개를 하늘 저편까지 펼친다

상기된 뺨을 이제는 감출 수 없다

들장미의 만발한 분홍빛도 설레고 있다

물방울 스카프

빈자리는 온통 적막한 잎으로 가득한데
어디서 소리가 들린다
누구일까

그래 구름이
싱싱한 에너지로 전해지고 있나 보다

한낮의 땡볕과 어스름 들녘을 이긴 후
산 울타리 얽힌 가시넝쿨을
드디어 녹였나 봐

내가 무디어지지 않도록
이국의 길과 온 마을까지 고스란히 안고 왔다

성장을 멈추었던 저 발자국들도 부푼 기대로

물방울 스카프를 두른 나와 함께
온몸으로 힘껏 받아들이고 있다

새로운 시점

광활한 창으로
밤은 수많은 별을 보낸다

폭설에 덮인 자작나무는
서로를 감싼다

자연주의자의 죽음이
다시 살아나는 새로운 시점이다

3부
오렌지 나무 아래

오래된 착각

장엄한 노을이 오면
나는 오래된 착각에서 벗어난다

시계는 정지 상태로 묶여 있지 않고
한낮에 싸인 해그림자는 절대로 멈추지 않는다

레코드판은 라일락의 꽃내음을
이미 둥글게 말고 있고

저기 은밀한 속도를 품고 있는 산수화 품에서
풀어지는 바람의 뭉치들을
산허리를 동여매는 구름의 긴 꼬리를

이제 도저히 잡을 수 없다

아 칭칭 동여매었던 불협화음을
내려놓아야 할 순간이구나

눕고 일어나는 리듬마저 푹 잊어야 한다

노란 수다

안락의자가 무료해지면
피사체를 향하여
필요 없이 밑줄을 그으며 수다를 즐긴다

움켜잡았던 손과
걸어온 길을 잠시 뉘어두고
시시각각 파고드는 입술을 나열한다

신발의 이력과 상품의 목록도 열거대상이다
공공연히 연연하며 등급을 매긴다

공원에서 네거리에서 찻집에서
비둘기처럼 신호등처럼 기다림처럼
메모하였던 몸짓과 표정들이 시시각각 반죽이 된다

부딪혀서 조각난 낮달 그림자와
해그림자를 따라
수줍음이 끼어든다

한 번의 미소가 절실하였던 만큼
쏟아붓는 꽃들의 질주가 강렬하다

\>
쏟아질수록 점점 경계선을 넘나드는
공허한 울림이 된다

꽃의 이력

꽃은 연서가 되기 위한
순결한 몸부림으로 시작한다

꿋꿋한 소망은 구부러지지 않는다

바닥에 가라앉은 새벽 종소리
그 여운을 끌어 올려 보는
첫 획의 아득한 감촉처럼

청초한 떨림이다
화려한 향연을 고대하며 살며시 얼굴을 내민다
힘차게 손을 뻗는다

어떤 일을 내려놓는 순간은 참 숭고하다
비올롱의 애절한 흐느낌에 동화되지 않는다

극한의 고독과 맞부딪힌 후에
가을을 닮아가는 연서가 된다

온전한 얼굴

길을 만나면서 언제나 안녕을 점검한다
순간은 다가왔다가 멀어지는 이별
더 머무르고 싶은 따뜻한 미련을 남긴다

끝까지 침묵하는 가로수
한 자리에 머물러 서서 맞이하며 배웅하는
진짜 속마음은 어떠할까

이념이 살짝 충돌하면 가벼워지지만
서로 헝클어지면 분노가 일어난다

추수하는 부부는
체념으로 일군 숭고한 들녘을 택했다

앞서간 발자국은 어디선가
허허로움을 달래고 있다

비어있는 곳마다 채워 주는 석양을 따라
움켜쥐었던 파편이 여기저기 흩어져 있다

이별과 그리움의 투쟁은 끈질기다

언제쯤 임진강의 온전한 얼굴을 볼 수 있을까

이어지는 날

암흑의 땅이 기지개 켤 때
물이 오르고 이편에서 저편까지
새들이 소식을 날라 주었다
별자리는 선명하였다

신화가 끼어들고 후식後食이 필요하면서
너는 긴장을 끌어다가
온유한 궤도에서 이탈되었다

회전 날개와 위장 놀이를 지도에서
즐기는 실험으로 치닫고

별자리가 이젠 모호해졌다
새들은 지쳐버렸다
숨을 쉬어도 몸 전체가 답답하다

답답하고 막막하지만
너와 나의 암호가 이어지는 날을

절대로 포기할 수 없다

한 페이지

  가장 어울리는 자리에 앉아서 자기를 보라고 손짓한다 더 강해지고 싶은 조명은 최상의 상품이란다 아주 가끔은 폭풍에 대비한 곡예를 부리지만 대부분은 화려한 얼굴이다 골목 어귀에서 밤이 깊도록 기다린다 숨죽인 침묵이 모두 모인다 그믐밤에도 다소곳이 귀 기울이는 애착은 진하다

  이때 진한 수액은 온몸으로 하늘을 받치며 파랗게 멍이 든 발을 끌고 있다

  오만한 자태야
  소리 없는 외침아
  점점 부풀어가는 욕망아
  거울 속의 허상아
  마른 땅을 노려보는 삭막함아
  감각을 마비시키는 어리석음아

  어디선가 셔터 내리는 소리가 멀어진다
  손바닥만한 전파 속으로도 들어간다
  나비 같은 시간이 휴 숨을 쉰다

  한점에서 파문으로 이어진 물과 밤하늘 사이에서 별

꽃이 수를 놓는다

 한 페이지가 마무리된다

기다리는 방향

폭풍의 언덕이 남서쪽으로 기울어지고 있다
멀리서부터 요동치는 소문이 이곳으로 번지고 있다

약속은 방향을 잃고 불안해한다

시샘의 언덕일까
절망의 모래일까

총총히 엮은 바구니에 담아두었던 고백이
이렇게 오므라들 줄이야

참으로

오랜 시간이

공백은 공백 끝에서
다시 일어나고 있다

언제나 그랬듯이
엉켜지는 그림자는 반드시 멎을 것이다

약속은 기다리는 방향을 찾아 진한 손길이 될 것이다

오렌지 나무 아래

오렌지 나무 아래 벤치에서
홍차를 즐겼는데

사진 속 시네마 천국은
안개에 싸인 밀밭으로 가득하다

영화는 순간적인 삶의 설렘이며
반복되는 일상을 변형하는 묘약인데

안착할 수 없는 욕망의 결핍은
끊어지지 않는다

문제를 잊고 싶어서 도피처를 찾아
카드를 만지는 사람들
바닷가 선술집은 점점 더 간절하다

첼로는
따뜻한 주인의 손길을 마냥 기다리고

어느새 흔들리는 모음과 자음들
오렌지 나무는 짙은 안개 속에서 헤맨다

혼돈이 지나가다

웅크린 자리에는
바람도 모양과 키를 수시로 바꾸었습니다

서로의 생각을 붙들 수 없는 자리에도
여러 가지 혼돈이 지나갔습니다

출구를 찾으려고
얽혀서 뒤죽박죽된

온갖 발자국을 잊었습니다

드디어 마침표를 찍었습니다

물음표마저 연한 미소로 바뀌었습니다

난해한 방정식을 해결하려던
눈 기다리는 날도 지웠습니다

지금은 냉혹한 밤조차 따스하게 빛나고 있습니다

잘 있었니

잘 있었니

저 험한 산속에서부터 청정수로 흐르는
계곡 옆 바위에 앉았다

산골짜기 깊숙한 오지의 마을
이곳까지 오려면

하루 한두 대씩 다니는 버스의 비포장길 종착지는
해 저물어 있었다

오래전
나는 갓 교단을 밟은 청순한 아름다움이었다
풋내기 선생이었다
삶을 이기며 청결한 물처럼 살기로 다짐했었다

해맑은 아이들은 이런 나에게
강하게 살아가는 정직을 실천해 주었다

즉시 안부를 묻자마자
그날을 힘껏 당기지 않았는데
그 시절 그 얼굴이 반짝하며 다가와 있다

메모하다

달력만큼 스쳐 간 물의 시간이 맴돈다
손안에 움켜잡아도 절대로 잡히지 않는다

내가 닿지 못하는 공중을 밟으려고 했던 지친 발걸음도
들어와 있다
달빛마저 볼 수 없는 근시안이 된 지 오래다

몸을 둘러싼 문명은 얼마나 편리한 계산인가

지워지고 잊히고 상실해가는 시점을 메모하지 않았다
바다가 작아지고 별의 노래가 들리지 않을 때

깨달았다
둥근 세상이 각진 것을

즉시 희망이라고 메모를 했다
달력만큼 스쳐 간 물의 시간이 존재하기에

서로 손을 마주 잡으면

너를 향하는 나의 노래가 되겠지
애틋하고도 다감한 체온으로 변하겠지

아침은 향기

걸림돌에 부딪히면서
사방이 뚫려 있는 하늘을 보면서

존재하는
생은 날마다 절실하다

물결의 흔적은 간데없지만

조약돌로 이어진 역사는
더욱 새롭게 읊고 있다

폭을 넓혀주는 아침은
덩굴이 되어 날마다 뻗으며

오차도 없이
야생의 이슬로 갈증을 채워 준다

가까이 갈수록 은은한 향기는
유혹이 없다 나는

생기에 찬 아침의 눈길을 붙들 수밖에 없다

소낙비

연두색 우산 아씨야
빗물이 춤추는 거울을 보았니

갈색 상의를 덮어쓴 아저씨가
마라톤 한다

주황색 우산은 왼손에서
비닐봉지 채소는 오른손에서

줄무늬 가방도 바쁘게 흔들린다
굽이치는 춤을 추며 행진을 한다

허리띠 동여 묶은 하얀색 치마를 보라
뼈대 없는 빗줄기쯤이야

조표가 바뀌었구나

강아지와 함께 뛰어노는 물고기를 봐
파란 우산을 접은 할머니 등에서 아기가 웃는다
빗물 품은 잎새에 더 짙은 햇빛이 보이니

그림 우산도 접혀 있어

\>
이다음 소낙비 내리면
나비 날개를 덮고 있는 가루 얘기를 해 줄게

시선 1

차창 밖 이른 아침 한강 공원에
수염 수북한 남루한 남자 절룩거린다

물안개가 가득하다
문득
그날 세느강변에서 절룩거렸던 내가 보인다

손 흔들어 주던 한 무리의 도시 거지들
그들의 미소는 걱정을 털어버린 강물이었다

철교는 강인한 근육질로 버티고 있다
자동차도 익숙한 듯 흐른다

살아가기 위해 안간힘을 쓰는 방음벽 담쟁이의
청회색 덩굴이 가련하다

폭증이 몰려드는 찻길은
곡예사들의 발길처럼 이렇게 긴박하다
아찔하다

아파트 지붕도 하늘 향해 층층이 계단이다

\>
새떼가 후루룩 날아간다

벌써 해오라기 다리 터널을 지나고 있는데
남루했던 남자의 발걸음이 아직도 스크랩된다

에펠탑을 사라고 애원하던 끈질긴 남자의
검은 눈동자도 쏜살같이 들어온다

시선 2

다시 새로운 일월부터 날이 얽히지 않은
묘한 일상의 시선으로

안과 밖은 이별과 만남이 섞여 태양과 별을 장식한다

부서지면서 오직 자유를 흠모하는 폭포수의 야망도
곧 다시 하향의 지류에서 합하여지듯이

익숙한 길을 벗어나려는 잠깐의 일탈을
한 번쯤은 붙잡지 않겠다

그림자일 뿐인 이 지상의 경쟁하는 대화와
지식 사이를 오가는 방황이 온유해지려면

오직
타협하지 않은 진리 안으로 들어가겠다

허망한 바람을 몰고 온
부풀린 야망이 윤기 나는 거울을 기웃거린다 해도

반짝이는 양심을 소유하며
오직 흔들리지 않는 시선만은 반듯이 세워 두겠다

공부하는 봄

풀꽃에 하얀 나비가 앉는다
낱자가 떡잎을 밀어 올린다
요람의 아기가 웃는다
도화지는 크레파스를 부른다

4부
그곳에 가면

그곳에 가면

그곳에는 고독한 연주자가 있다

나는 쓰다만 편지를 손끝으로 전해주는
속삭임이 되고 싶어 그곳에 간다

음표를 넣은
포도鋪道 위의 그리움으로
격정의 파도를 잠재울 수 있다

가로수 잎 사이로 스며드는 자유로운 바람
젊음의 광장은 늘 붐빈다

한때 화법에 서툴러서 첫 음마저
흔들렸지만

지식을 갈구하는 책을 고르며 사색을 배우는

서점 옆
그곳에 가면

굽 높은 구두의 도도한 소리마저 조율할 수 있다
이별을 도려낸 긴 편지를 쓸 수 있다

\>
목말랐던 그리움을 넉넉히 담을 수 있다

낮 꽃

이끼 낀 돌계단은 발자국으로 남는다

하얀 앞치마와 꽃분홍 치마의 결이
작은 폭포와 큰 폭포에 펼쳐진다

가위바위보의 행진에 합류한 숨 고르기는
낮 꽃을 보고 싶은 집착이다

나무가 사라진 작은 풀 고원은 새로운 미래이다
뽑아도 뽑아도 스며드는 걱정을
훌훌 털어 날린다

여기저기 상승하는 웃음을 꺼내며

이제 다시
나는 낮 꽃 세상으로 향해야 한다

산새의 말

몸짓으로만 이어 온 소통이 영 서툴러서
장벽을 헐었다

땅과 하늘이 뚫린 지도 오래되었다

부산하게 활개 치며 여기저기 파고든다
이리저리 춤추게 하는 골바람을 탄다

여기 보세요 아니 이곳에 가까이 있어요

영역을 넓혀 감각을 곤두세우는 산새의 말에
호기심이 일어난다

와락 강한 경련이 인다

눈이 바쁘게 아주 재빠른 탐험인걸

민첩한 활공은 숨은 듯이
쉬지 않고 나뭇가지를 실어 나른다

접혀있던 저 하늘은 박차고 내려와
땅을 끌어안는다

사람이 되고 싶다

얼음 밑으로
물은 숨은 길 따라 나직이 흐른다
성숙한 몸짓에 호흡이 배어 있다

새 소리는
청아한 공기와 어우러져
한껏 소박하기만 하다

그곳에서 묻어온 복잡한 이야기마저
저 멀리 산자락을 타고 맴돌아 온

얼음 계곡에서
생기로 다시 움트기 시작한다

사람은 사람이 되고 싶다

탈출

존재가 드러날까 봐 숨을 조인다

빙하를 걷듯이
원시의 언어가 모르는 사이에
조금씩 조금씩 드나들고 있다

때때로
붉은 사막 한가운데에서 서성인다
모래바람의 발자국이 예사롭지 않다

새하얀 물이 말라붙은 호수
주름진 언덕 모래에 쏟아지는 별들

비워야 채워지는 극치의 아리따움이다

입을수록 더욱더 추워지는 밤은
겹옷을 껴입는다

조여오는 두려움에서 탈출하려면
사막의 한가운데로 들어가야 한다

존재마저 당당해진다

정원

정원에 종일 빛을 심어두고 싶다
빛이 있으라 하시니 빛이 있었고*

읽다가 둔 책의 여백에도
걷지 않았던 숲이 보인다

보고 싶은 얼굴을 그려서
걸어 두어야겠다

턱을 괴어 바라보았던
잔디밭과 잔잔한 호수는
초록이 되려고

그림자에서 조금씩 멀어지며
쏟아지는 알갱이를 모은다

나는 점점 작아진다

심장의 박동 소리가
점점 쿵쿵거리는 이유가 무엇일까

* 창세기 1장 3절

저녁이 오면

공평한 저녁이
신을 벗고 있다
길게 조합된 비밀번호를 지운다

샛강은 바람에 녹아들고
물 위로 구름은 마음껏 눕는다

만발한 벚나무 아래 내 손수건에는
아쉬웠던 꽃말의 즙이 이리저리 뒤섞인다

걸음과 소리가 혼합되어 뜻밖의 출구를 만든다

황량한 사막의 뙤약볕과
소금 더미를 건져 올린 갈증까지

국경선을 자연스럽게 넘나드는 저녁이 오면

복잡한 도시와 마을의 곳곳을 겸허하게 지우며
광활하게 흐를 것이다

고층빌딩이 숨을 죽이며
지금 땅에 납작 엎드려 있다

나무에게 헌사를

자유를 잃어버린 노예 같으나
부여받은 책임을 겸허히 존중한다

고고한 권리를 순종으로 채운다
어쩌면 다소곳한 여종 같다

옥토가 아니어도 일구어지기 위해
용기를 잃지 않았다

틈틈이 눈을 뜨며 살아나는 세상을 안으려고
깊은 어둠 속에서도 고공을 향한 끈질긴 저력은
듬직하고도 강인한 신사 같다

너에게 기댈 수 있는 건
행운 중의 행운이다
급경사도 잡아준다

반짝이는 아파트와 새하얀 공간 사이에 파고드는
별난 소음에도

불규칙한 바람이 내 옷자락과 모자를
일그러뜨리는데도

\>
요동하지 않으며

심호흡이 되게 하는
너에게 헌사를 보낸다

연보라색의 리듬

막다른 골목길에 다다랐을 때 호흡하자
눈을 감지 말자
보도블록에 뿌리내린 잡초는 노숙자 같아도
경쟁하지 않는 평화가 있다
참으로 아침이 곤두박질쳐도
생명의 싱그러움을 품었던 처음을 떠 올리자

어디서나 하늘은 옥빛 열쇠를 가지고 있다
태풍과 벼락은 연약하지 않으려고
더욱 강인하게 터를 다져주고 있다

낱말이 공중을 다니려면 유리그릇을 닮아야 하는 것처럼
 이젠 거친 물결을 순하게 노 저을 수 있어야 하잖니
 상처 난 순간을 일으켜 세운 꽃들이
 시간의 열매를 풍성히 맺어가고 있잖니

이름을 혼미하게 하는 안개 옷들을 벗겨보자
붉은 열정으로 익어가는 석류를 볼 수 있지 않니

교목을 키우는 과녁을 향해 포옹을 쏘아 보자
조였던 미로가 확 풀리면서

머릿결은 반짝이는 윤기로 살아날 거야

연보라색으로 화사해진 리듬으로 우리
가방을 들고 대지 위를 싱그럽게 활보 하자구나

문 앞의 그대에게 1

성급하게 기대하지 않아도 된다

단지 놀라움은 그다음의 몫일 뿐이다
언제나 내 곁에 있잖니

시선이 가는 곳마다 함께 있잖니
이유 모르게 심장이 두근두근했단다

추상적이고 모호한 옷을 입기는 언제나 부담스러워

한 행 한 연을 채워가는 작업대 위는
참 긴장되는 희열에 휩싸인다

낯선 이들의 갑작스러운 방문과는 별도로
다듬지 못한 얼굴과 널브러진 원고지도
소중한 목록이지

유리병에 꽂혀 있는 프리지어는
보관하지 못한 향기에 더 취하고 말지

어쩌다가 한숨을 가라앉힌다
일상을 다시 되돌아본다는 건 굉장한 행운이란다

>
모자이크보다 훨씬 세심하고 도전적인 만남은
얼룩지고 구겨지고 비명을 지르기도 하지만
놀라움은 그다음의 몫이다

너의 곁엔 언제나 내가 있으니까

문 앞의 그대에게 2

한 끼 식사의 배고픔보다
더 좋은 식단을 원하는 건 욕망이 부풀려진 것이겠지
햇볕으로 가미된 영양으로
공급받은 풍성한 식탁 앞에서도
높아지는 미각은 더 심해지는 고갈을 부른다

비눗방울은 허망함을 부르는 찰나의 환상인데
눈으로 담으며 포장하는 옷에 가치를 두다니
공평하고 세심하게 스며드는 공기를 잊은 채
이리저리 측정하는 한숨이 되다니

이슬을 위하여 호화롭게 궁전을 차리는
그 소망이 얼마나 안개 같은지

무료해질수록 상흔을 맴돌며 재생되는 기억은
파괴를 즐기는 끈질긴 습격으로 비판을 일삼는다

오차도 없이 부지런히 어둠을 뚫는 뿌리에게
무심한 세상은 눈이 멀었다

어제와는 다른 오늘의
헛된 지식은 독자적인 해석만 강해진다

〉
가을부터 또 가을이 오기까지
후회하지 않으려는 이 땅의 오늘은
온갖 지식으로도 생명을 싹틔울 수 없는
작은 씨앗보다 더 미약한 피조물일 뿐이라는 것을

그래서 날마다
비밀스럽고 위대한 광채 앞에
고독하고 참혹한 무지는 굴복할 수밖에 없다

문 앞의 그대에게 3

여전히 붉은 몸매로 무게를 잡는 저 오목눈이

전봇대 옆 돌 틈을 비집고
뽀얀 솜털을 뻗고 있는 민들레 옆에

앙증맞은 입술과 걸음마의 아기도
단조와 장조를 오간다

전율을 빚으며
연습이 없는 무대는 서툴지만 익숙하다

겹겹이 에워싸는 불협화음일지라도
재료를 선별하면 장엄해진다
벅차고 놀라고 기쁘고 어리석다 할지라도

전봇줄 위에 앉은 작은 새는 강물처럼 유유하다
사이좋게 기대어 은빛을 누린다

모두가 완벽한 평온이다

문 앞의 그대에게 4

비밀스러운 바다가 억척스럽다
소매 걷은 힘줄 소리도 만만치 않다

삶을 아우르며 희생되는 양식을 향한
생존의 경쟁은
해저의 뿌리를 단련하는 신기루이다

홀로 우뚝 선다는 것은 위험한 발상이다
저울과 백과사전이 필수품이다

매콤한 빵과 신선한 치즈를
더 고급스럽고 우아하게

무지개 소스에 향을 곁들여
본떠서 칠하고 장식하면
선택된 감각까지 충족될는지

끝나지 않는 질주가 분주한 손길이
어디까지 혼합하여 화해하려는지

의문투성이지만

\>
하늘 아래 낱알이 여물면서
긴 긴 성장도 무르익는다

문 앞의 그대에게 5

혼자 헤쳐야만 하는 미래를 데생한다

감각이 둔하다면 길을 잃어버릴 큰 위험에 빠질지도
꿰뚫어 볼 통찰력이 없다면 영원히 미아로 전락할 지도

시작점에서 왼쪽으로 다시 오른쪽으로
관찰하며 탐험을 해야 한다

모두가 친근한 것 같아도 지극히 냉철하다

호수에 퍼지는 조약돌 한 개의 고요한 파문
그 위력이 만만치 않다

가장 처절한 고독이 들려주는 말을
놓치지 말아라

가장 단순하면서도 가장 힘든 고뇌에서
물러서지 말고 붙잡고 나아가라

한 그루의 나무에 둥지가 깃들고
차츰차츰 초록이 숲이 넓은 가지로 무성해지면

>
성공의 힌트를 얻을 것이다
조금씩 비밀이 풀리면서 너를 향하여 손을 잡아줄 것이다

최고의 걸작품이 될 것이다

단지 놀라움은 그다음의 몫일 뿐이다

곡선

매듭을 풀어
부드러움이라고 쓰게 하소서
매듭을 풀어
곡선이라고 쓰게 하소서

이 세상의 유일한 생명이
차가워지기 전에

부드러운 곡선으로
변화되게 하소서

설레면서 내일을 꿈꾸는 저녁은
요란하지 않습니다
나직이 숫자를 지우면서 음미합니다

창가의 불빛을 조용히 놓아 줍니다
모든 것을 끌어안고 회전 시계를 돌려
길고도 먼 선을 연결합니다

매듭을 풀면

부드럽습니다

곡선입니다

사소한 갈등도 스르르 녹아듭니다

해설

곡선의 시학
— 장정순의 시세계

반경환 문학평론가

곡선의 시학
  ─ 장정순의 시세계

반경환 문학평론가

　우리는 흔히들 동물과 식물이 다르고 곤충과 벌레가 다르다고 생각한다. 물과 불도 다르고 공기와 흙도 다르다고 생각한다. 돌과 나무도 다르고 인간과 기생충도 다르다고 생각한다. 이 다름은 상호간에 아무런 상관성도 없다는 다름이지만, 이 다름은 種과 屬을 구분하는 다름일 뿐 모두가 다같이 생물학적이나 화학적으로는 한 가족이라고 할 수가 있다. 이 세상의 근본물질은 원자이고 이 원자와 원자의 결합에 의하여 다양한 동물과 식물들, 또는 유기물과 무기물이 생겨나게 된다. 처음과 시작도 같고 동양과 서양도 같다. 남극과 북극도 같고 낮과 밤도 같다. 적과 동지도 짝을 이루고 선과 악도 짝을 이룬다. 음과 양도 짝을 이루고 진리와 허위도 짝을 이룬다. 우주도 둥글고 지구도 둥글다. 동쪽으로 가면 동쪽만 나오고 서쪽으로 가면 서쪽만 나온다. 중심과 주변도 없고 영원한 삶의 오솔길은 곡선이다. 모든 것이 가고 모든 것이 새롭게 꽃 피어 난다.

  우리는 어디에서 태어나 어디로 가고 있는가? 흙(원자)에서 태어나 흙으로 돌아간다. 우리들의 육체를 이루고 있던 수많은 물질들은 원자들로 분해되어 다양한 생명체들의 토대가 되고, 우리들이 죽어감으로써 새로운 후손들이 살아가게 된다. 이 자연의 이치를 따져보면 어느 누가 좀 더 오래 살거나 좀 더 일찍 죽는다는 것 역시도 아무런 차이가 없다. 수십억 년, 또는 수십만 년의 자연의 역사를 따져보면 어느 누가 좀 더 오래 살거나 좀 더 일찍 죽는다는 것은 아무런 차이도 없다. 어느 누가 부귀영화를 누렸던가 아닌가 역시도 아무런 차이가 없다.

  장정순 시인은 2016년 월간 『시문학』으로 등단했고, 첫 번째 시집 『드디어 맑음』(2020년, 시문학사)을 출간한 바가 있다. '한국문학비평가협회상'과 '백운문학상'을 수상했으며, '한국시문학문인회', '한국현대시인협회', '한국문인협회', '한국문학비평가협회회원'으로 활동을 하고 있다. 장정순 시인의 두 번째 시집인 『그믐밤을 이기다』는 '곡선의 시학'의 성과이며, 자유와 평등과 사랑의 전도사로서 '인문주의의 승리'라고 할 수가 있다.

    매듭을 풀어
    부드러움이라고 쓰게 하소서
    매듭을 풀어

곡선이라고 쓰게 하소서

이 세상의 유일한 생명이
차가워지기 전에

부드러운 곡선으로
변화되게 하소서

설레면서 내일을 꿈꾸는 저녁은
요란하지 않습니다
나직이 숫자를 지우면서 음미합니다

창가의 불빛을 조용히 놓아 줍니다
모든 것을 끌어안고 회전 시계를 돌려
길고도 먼 선을 연결합니다

매듭을 풀면

부드럽습니다
곡선입니다

사소한 갈등도 스르르 녹아듭니다
—「곡선」 전문

　매듭이란 무엇이고 곡선이란 무엇인가? 매듭이란 '어떤 일과 일 사이의 마무리를 짓는 것', ' 어떤 해결

되지 않는 부분이나 어려운 고비', '실이나 끈 따위를 묶어 맺은 자리' 등을 지시하지만, 장정순 시인의 「곡선」에서는 어떤 원한이나 해결되지 않은 난제를 뜻한다. "매듭을 풀어/ 부드러움이라고 쓰게 하소서/ 매듭을 풀어/ 곡선이라고 쓰게 하소서"라는 시구에서는 '매듭'이 반생명적이며 반사회적인 암적 종양임을 뜻하게 된다. 따라서 "이 세상의 유일한 생명이/ 차가워지기 전에// 부드러운 곡선으로/ 변화되게 하소서"라고 기도를 하게 된다. "나직이 숫자를 지우면서 음미해 보면" "내일을 꿈꾸는 저녁은/ 요란하지 않고" "모든 것을 끌어안고 회전 시계를 돌려" "매듭을 풀면" 모든 것이 "부드러운 곡선"이 되고, "사소한 갈등"도 다 녹아버리게 된다.

  곡선의 삶은 그믐밤을 이기는 삶이고, 직선의 삶은 매듭, 즉, 그믐밤을 만드는 삶이다. 곡선의 삶은 자연의 순리에 따르는 삶이고, 직선의 삶은 적과 동지, 선과 악, 음과 양, 진리와 허위 등을 따지고 싸우는 삶이다. 곡선의 삶은 자비와 친절, 또는 자유와 평등과 사랑을 옹호하는 삶이고, 직선의 삶은 타자의 주체성마저도 짓밟고 이기주의를 극대화하여 만인들 위에 군림하는 삶을 말한다. 장정순 시인은 곡선의 삶을 찬양하며, 그의 인문주의를 통해 모든 우유부단한 자와 반대파들에게 결사항전을 선포하는 자유와 평등과 사랑의 전도사라고 할 수가 있다.

  장정순 시인의 직선의 삶에 대한 비판은 「우리의 얘기」, 「머물 곳」, 「무심코 한 말」, 「선線」 등으로 나타나고,

또한, 그의 곡선의 삶에 대한 찬양은 「기쁨이」, 「그믐밤을 이기다」, 「나무에게 헌사를」, 「새로운 시점」, 「공부하는 봄」 등으로 나타난다.

    고급스러운 보석에 오르기 위해
    반지와 목걸이는 한껏 애교를 부린다

    일용할 양식이 상식을 넘어 빵까지 기교를 부리며
    서로 경쟁하는 고품격의 장식은

    디자인되고 변형하여
    에스컬레이터와 엘리베이터를 연결했다
    ―「우리의 얘기」 부분

    들판과 마을을 스쳐 도시와 거리를 안고
    풍요의 양분을 식탁에 부어주는데도
    여전히 무심하게 길든 이기심만 키우는 건 아니니

    안개를 밟으며 손짓하는 이름아
    네가 머물 곳을 찾았니
    가중된 수식을 속히 지워 주렴
    ―「머물 곳」 부분

    무심코 한 말은

    괜스레 너의 허물을 들여다보고

나를 위로하는 독주에 기웃거린다

　　작디작은 허물을 소꿉장난하며
　　즐기고 있다
　　　―「무심코 한 말 2」 부분

　자본주의 사회는 인간 사회의 암적인 종양과도 같으며, 만악의 근원인 탐욕을 최고의 가치로 내세우고 그 모든 가치들을 다 파괴시킨다. "고급스러운 보석에 오르기 위해/ 반지와 목걸이는 한껏 애교를 부리고", 이 세계의 들판과 마을은 풍요로운 양식을 식탁 위에 올려주었는데도 모두들 다같이 자기 자신의 이기심만을 확대시켜 나간다. 한 사회의 꿈과 희망을 가져다 주는 것도 말이고, 한 사회의 좌절과 절망을 안겨주는 것도 말이다. 사랑스러운 말, 자비롭고 친절한 말, 서로가 서로를 믿고 신뢰할 수 있는 말들이 사라지고, 서로가 서로를 헐뜯고 비방하며 끊임없이 소송전을 벌이는 이전투구의 말만이 난무한다. 이기심과 탐욕은 어느덧 습관화되고 체질화되어 무심코 내뱉은 말에도 독이 묻어 있고, 타인들의 아주 작디 작은 약점과 허물마저도 소꿉놀이의 대상이 된다.

　　무심코 한 말이

　　혀에서 붉은 가시가 되었다

송진처럼 끈적거린다

수천 개의 입술이 되어 회색으로 꿈틀거린다

아침을 찢는다

생명을 소멸하는 사막이 되고 있다

혐오스러운 무덤의 표정을 짓는다

아아
미소가 찌그러지기 전에 어두움을 걷자구나

저기 빛의 땅으로 발을 들여놓자구나
―「무심코 한 말 3」 전문

  어느 사회가 선진 사회인가, 아닌가는 그 국민들의 언어 사용에 나타나고 있다고 할 수가 있다. 사랑스러운 말, 자비롭고 친절한 말, 서로가 서로를 믿고 신뢰할 수 있는 말들이 주조를 이루면 그 사회는 선진 사회가 된다. 그 반면에, 서로가 서로를 헐뜯고 비방하며 끊임없이 거짓과 이전투구의 말이 난무하게 되면 그 사회는 후진 사회가 된다. 선진 사회가 그 구성원들의 행복지수가 가장 높고 전인류의 존경과 찬양을 받는 사회라면, 후진 사회는 행복지수가 가장 낮고 끊임없이 조롱과 경멸의 대상이 되는 사회라고 할 수가 있다. 말 한 마디로 천냥 빚을 갚을 수도 있고, 말 한 마디로 수많은 사람들에게 꿈과 희망을 안겨줄 수도 있다. 말 한 마디로 그토록 소중한 타인들의 목숨을 빼앗을 수도 있고, 말 한 마디로 한 사회 전체, 또는 한 국가 전체를 끊임없는 내전과 전쟁의 참화 속으로 몰아넣을 수도 있다. 말은 약이면서도 독약이고 말은 칼이면서도 흉기이다. 따라서 곡선의 삶이 아닌 직선의 삶은 말이 독약이나 흉기가 되고, 우리들이 무심코 내뱉은 말이 '우리들의 아침을', '우리들의 희망'을 갈기갈기 찢게 된다. 왜냐하면 무심코 한 말이 "수천 개의 입술이 되어 회색으로 꿈틀거리고", 그 모든 것을 소멸시키는 사막으로 만들고 있기 때문이다.

>기도에 비춰오는
>한 줄기 햇살은
>
>나의 날을 환희로 채워 준다
>
>그늘 때문에 열리지 않았는데
>
>회오의 실오라기를 풀어주며
>그믐밤을 이긴다
>
>자유로운 민들레 씨앗처럼
>될 수는 없어도

은하수를 좇아
　　긴긴 행로를 헤쳐가야 하는

　　이런 조바심은

　　이젠 아무것도 아니다
　　―「그믐밤을 이기다」 전문

　장정순 시인의 '곡선의 시학'은 '사랑의 시학'이며, 이 '사랑의 시학'은 비판철학에 기초를 둔 사랑이라고 할 수가 있다. 직선이 온갖 탐욕과 이기주의의 칼날을 들이대면 곡선이 그 칼끝을 부드럽게 감싸안고 그 칼날을 못 쓰게 만든다. 정의가 불의를 물리치고 사랑이 모든 증오와 험담을 물리치듯이 곡선이 직선을 이긴다. 비판철학은 사랑에 기초한 철학이며 모든 시의 근본토대이다. "비판만이 위대하고 비판만이 또 위대하다."는 비판철학, 즉, '곡선의 시학'의 입장에서 바라보면, 비판없는 시는 공허하고 시가 없는 비판은 맹목적이며 무차별적인 폭력을 난무하게 만든다. 시인은 그의 앎과 비판철학으로 무장한 최고급의 인식의 전사이자 자기 자신의 그 모든 것, 즉, 돈과 명예와 권력을 다 걸고 사회적인 재앙과 불의에 맞서 싸우는 혁명가라고 할 수가 있다.
　그믐밤, 모든 생명체가 시들고 병드는 그믐밤, 어떠한 꿈과 희망도 가질 수 없는 그믐밤을 이기는 것은 "기도에 비춰오는/ 한 줄기 햇살"의 사랑이 환희로 가득 채워 준다. 시를 쓰는 것은 독약과도 같고 흉기와도 같은 말들을 제거하고 "자유로운 민들레 씨앗처럼" 또는 "은하수를 좇는 긴긴 행로"처럼 그 꿈과 희망을 추구해 나가는 것이라고 할 수가 있다. 시는 꿈과 희망이고 언제 어느 때나 오염을 모르는 곡선의 젖줄이다. 우리 인간들은 시가 있기 때문에 아름답고 행복한 삶을 살 수가 있는 것이다.

장정순 시인의 시는 "눈물이 있는 기도"이고, "마음을 밝혀주는 별"이다. "절망을 극복한 꽃"이고, "환희의 노래"이다. "사랑의 빛 안에서 그의 영혼은 별처럼 반짝이고 꽃처럼 향기로워진다". 장정순 시인의 시는 오늘도 내일도 "어두운 밤을 헤쳐"「시인의 말」나가는 꿈과 희망이 되고, 그리하여 끝끝내는 "그믐밤을 이기게" 하는 '곡선의 시학', 즉, '사랑의 시학'으로 수많은 독자들의 마음을 사로잡게 될 것이다.

    광활한 창으로
    밤은 수많은 별을 보낸다

    폭설에 덮인 자작나무는
    서로를 감싼다

    자연주의자의 죽음이
    다시 살아나는 새로운 시점이다
    —「새로운 시점」 전문

> 풀꽃에 하얀 나비가 앉는다
> 낱자가 떡잎을 밀어 올린다
> 요람의 아기가 웃는다
> 도화지는 크레파스를 부른다
> —「공부하는 봄」 전문

  언제, 어느 때나 광활한 창으로 수많은 별들을 보내는 시, 폭설에 덮인 자작나무를 포근하게 감싸주는 시, 자연주의자의 죽음으로 다시 살아나는 시, 풀꽃에 하얀 나비가 날아 앉고 낱자가 떡잎을 밀어 올리는 시, 요람의 아기가 웃으면 도화지는 크레파스를 부르는 시—. 장정순 시인의 시는 나무이고, 꿈과 희망이고, 궁극적으로는 그의 종교이다. 그는 "자유를 잃어버린 노예" 같지만, 타인이 아닌 자기 자신에게 복종을 하고, "어쩌면 다소곳한 여종" 같지만, 자기 자신의 "고고한 권리를 순종으로 채운다." 자기 자신의 고고한 권리는 고귀하고 위대한 시인의 삶의 철학이 되고, 따라서 그는 옥토가 아니어도 용기를 잃지 않는다. "틈틈이 눈을 뜨며" "깊은 어둠 속에서도 고공을 향한 끈질긴 저력은/ 듬직하고도 강인한 신사와도 같다."

> 자유를 잃어버린 노예 같으나
> 부여받은 책임을 겸허히 존중한다
> 고고한 권리를 순종으로 채운다
> 어쩌면 다소곳한 여종 같다
> 옥토가 아니어도 일구어지기 위해

용기를 잃지 않았다
틈틈이 눈을 뜨며 살아나는 세상을 안으려고
깊은 어둠 속에서도 고공을 향한 끈질긴 저력은
듬직하고도 강인한 신사 같다
너에게 기댈 수 있는 건
행운 중의 행운이다
급경사도 잡아준다
반짝이는 아파트와 새하얀 공간 사이에 파고드는
별난 소음에도
불규칙한 바람이 내 옷자락과 모자를
일그러뜨리는데도
요동하지 않으며
심호흡이 되게 하는
너에게 헌사를 보낸다
―「나무에게 헌사를」 전문

장정순 시인의 시는 종교가 된다. 시인은 자기 자신의 '곡선의 시학' 앞에 순종을 하는 여종이면서도 또한, 그는 그 어떠한 적이나 고통과도 싸워 이기는 천하무적의 용사와도 같다. 시는 키가 크고 뿌리가 깊은 나무이다. 이처럼 '시의 종교'를 찬양할 수가 있다는 것은 "행운 중의 행운"이라고 할 수가 있다. 시가 있고 세계가 있다. 내가 있고 세계가 있다. 시의 종교는 자기 자신을 영원불멸의 시인으로 키우는 종교이다. 자기가 자기 자신에게 복종을 하며, 자기가 자기 자신을 '고통의 고통' 속에서도 끊임없이 극복하는 종교라고 할 수가 있다.

    너의 손을 살며시 잡아주니까
    내 손은 작은 건반 악기가 된다

    엄지에서 새끼손가락까지
    도 레 미 파 솔

    숨어있는 나비를 부른다

    보드랍고 귀여운 너의
    오른손가락으로 노래를 연주한다

    노랑 하양 나비야
    개나리꽃 필 때면
    초등학교에 입학하는 기쁨이를
    예쁘게 꼭꼭 기억해 주려무나
    —「기쁨이」전문

  모든 병은 심인성心因性, 즉, 마음의 병이라고 한다. 왜냐하면 우리 인간들은 어떠한 난제와 장애를 만나면 미리부터 겁을 먹고 자포자기를 하기 때문이다. 물론 천재지변을 만나 전 재산을 다 잃거나 삶의 고지를 눈앞에 두고 사지를 절단당한다면 그 고통의 무게는 너무나도 엄청나고 무척이나 고통스러울 것이다. 하지만, 그러한 엄청난 재앙과 장애를 만났을 때에도 두 눈을 부릅뜨고 비책묘계秘策妙計를 창출해낸다면 만인들의 반대 방향에서 '인간 승리'를 이룩해낼 수도 있을 것이다. 홍해 바다가 쩌억 갈라지고 바위는 샘물을 내뿜고 하늘에서는 만나가 쏟아지는 기적이 그것을 말해준다. 오늘날 고귀하고 위대한 민족이나 모든 위대한 시인들은 모두가 다 같이 역경에 강한 인물들이다. 이 고귀하고 위대한 시인들이 있기 때문에 우리는 모두가 다 같이 즐겁고 기쁜 삶을 향유할 수가 있는 것이다.

모든 어린아이는 시신詩神의 은총이며 우리 인간들의 미래의 꿈과 희망이라고 할 수가 있다. 어린아이는 삶의 기쁨이며 모든 고통을 다 눈 녹듯이 녹여주며 이 세상의 삶의 찬가를 부르게 만든다. "너의 손을 살며시 잡아주니까/ 내 손은 작은 건반 악기가 된다" "엄지에서 새끼손가락까지/ 도레미파솔// 숨어있는 나비를 부르게 된다". 고통도 없고 슬픔도 없다. 모든 험담과 중상모략도 다 없어진다. 어느 누구 하나 이 어린아이 앞에서 노래를 부르며 춤을 추지 않을 수가 없다. 어린아이는 어른의 어른이며, 이 세상의 모든 고통과 슬픔을 다 씻어주는 최초의 종족창시자와도 같다. "보드랍고 귀여운 너의/ 오른손가락으로 노래를 연주한다"와 "노랑 하양 나비야/ 개나리꽃 필 때면/ 초등학교에 입학하는 기쁨이를/ 예쁘게 꼭꼭 기억해 주려무나"라는「기쁨이」가 그것을 말해준다.

장정순 시인의『그믐밤을 이기다』는 '곡선의 시학'이다. 곡선의 시학은 '사랑의 시학'이며 '사랑의 시학'은 '시의 종교'를 탄생시킨다.

'기쁨이'는 키가 크고 뿌리가 깊은 나무가 되어 '기쁨이'가 '기쁨이'와 '우리 모두'를 위하여 최초의 종족창시자와도 같은 '사랑의 노래'를 부른다.

장 정 순

장정순 시인은 대구교육대학교를 졸업했고, 영남대학교 교육대학원 국어교육 석사 과정을 마쳤으며, 초등학교 교사를 역임했다. 2016년 월간『시문학』으로 등단했고, 첫 번째 시집『드디어 맑음』(2020년, 시문학사)을 출간한 바가 있다. '한국문학비평가협회상'과 '백운문학상'을 수상했으며, '한국시문학문인회', '한국현대시인협회', '한국문인협회', '한국문학비평가협회회원'으로 활동을 하고 있다. 장정순 시인의 두 번째 시집인『그믐밤을 이기다』는 '곡선의 시학'의 성과이며, 자유와 평등과 사랑의 전도사로서 '인문주의의 승리'라고 할 수가 있다.

이메일 jjs-rose@hanmail.net

장정순 시집
그믐밤을 이기다

발　　행	2023년 12월 25일
지 은 이	장정순
펴 낸 이	반송림
편집디자인	반송림
펴 낸 곳	도서출판 지혜, 계간시전문지 애지
기획위원	반경환
주　　소	34624 대전광역시 동구 태전로 57, 2층 도서출판 지혜
전　　화	042-625-1140
팩　　스	042-627-1140
전자우편	eji@ji-hye.com
	ejisarang@hanmail.net
애지카페	cafe.daum.net/ejiliterature

ISBN 979-11-5728-529-7 03810
값　　　10,000원

이 책의 판권은 지은이와 도서출판 지혜에 있습니다.
양측의 서면 동의 없는 무단 전제 및 복제를 금합니다.